Was ist ... geht man mit Narzissten richtig um?

PHIL KEHRFELD

Inhaltsverzeichnis

Narzissmus 1

Was ist Narzissmus tatsächlich?! 4

   Herkunft und Bedeutung des Begriffs 5

Der narzisstische Narziss 9

Der krankhafte Narzissmus und seine Unterformen 15

   Gesunder Selbstwert/gesunder Egoismus 16

   Deutliche narzisstische Züge 17

   Krankhafte Formen 18

   Der weibliche Narzissmus 21

   Der männliche Narzissmus 23

   Der grandios - maligne Narzisst 26

   Der verletzlich - fragile Narzisst 28

   Der hochfunktionelle und exhibitionistische Narzisst 29

   Die narzisstische Persönlichkeitsstörung allgemein 30

Eine besondere Erscheinungsform: Narzisstische Mütter 33

   Das "Goldene Kind" und der "Sündenbock" .. 35

   Die Bühne des Lebens 41

   Typische Eigenschaften 42

Narzissmus im Märchen.................................. 55
Mögliche Ursachen 60
  Kindheit 61
  Ablehnung/Vernachlässigung 65
  Zu strenge Erziehung................................... 67
  Zu wenige Regeln und ein Überschuss an Zuneigung.. 68
  Die genetische Veranlagung......................... 71
  Weitergabe über Generationen 73
  Die schützende Maske................................. 75
Der richtige Umgang mit offenem Narzissmus... 77
  Erkennen Sie Narzissten in Ihrem Umfeld...... 78
  Halten Sie gesunden emotionalen Abstand ... 80
  Versuchen Sie, diesen Menschen zu verstehen 81
  Auch Sie können und sollen autonom sein/bleiben... 82
  Halten Sie ihm/ihr einen Spiegel vor.............. 83
  Loben Sie, aber in Maßen............................. 84
  Setzen Sie klare Grenzen 85
  Versuchen Sie nicht, den Therapeuten zu spielen 86
  Halten Sie vor allem Kontakt zu anderen Menschen 87
  Erwarten Sie nicht zu viel 88

Versuchen Sie nicht, ihm alles recht zu machen 89

Seien Sie ein guter Zuhörer 90

Was, wenn es ein engeres Familienmitglied ist?! 91

Schlusswort 93

Haftungsausschluss 96

Impressum.. 97

Narzissmus

"Der Narzissmus unserer Zeit" fällt heutzutage oft in Verbindung mit Selfies, der Darstellung der eigenen Person auf sozialen Netzwerken, etc.. Der Begriff wird von Laien und im Alltag mit "Selbstverliebtheit" übersetzt, was sich mit hübsch inszenierten Instagram - oder Facebookprofilen gut vereinen lässt.

Genauso lässt sich der gesellschaftliche und alltägliche Narzissmus im Bestreben der Menschen nach eigenem Vorteil in Sachen Karriere erkennen. Auch wenn lange nicht jeder Mensch in erster Linie an sich und seinen Vorteil denkt, ist heutzutage doch eine deutliche Tendenz da. Die sogenannte "Ellenbogengesellschaft", in der das eigene Ziel rücksichtslos zu erreichen versucht wird und im Zweifel auch Menschen zur Seite gedrängt werden, ist hier ein optimales Beispiel. In den Chefetagen dieser Welt tummeln sich viele Narzissten, die sich mit ihren Ellenbogen den Weg nach oben freigemacht haben.

Und hier kristallisiert sich schon der Unterschied zwischen "Narzissmus" und "Narzissmus" heraus. Denn während umgangssprachlich und auf der einen Seite die Selbstverliebtheit gemeint ist, bedeutet er auf der anderen Seite und in psychologischer Hinsicht eher "Selbstbezogenheit". Doch auch hier ist Vorsicht geboten, denn so einfach ist es leider nicht. Es gibt nicht nur "den Narzissmus", denn der Begriff umfasst viele unterschiedliche Stufen und Ausprägungen, welche sich auf einem Spektrum von "gesund", über "krankhaft", bis hin zu "sehr gefährlich" erstrecken.

"Narzissmus" wird von Laien in der Regel grundsätzlich als etwas Negatives angesehen, was er an sich eigentlich gar nicht ist. Ein bisschen Narzissmus sollte jeder von uns haben, denn es gibt ihn immerhin auch in gesunder Ausprägung. Der Begriff an sich bedeutet nämlich einfach nur "Selbstliebe", welche wir unbedingt brauchen, um uns selbst wertzuschätzen und von Herzen gut behandeln zu können.

Indem wir aus "Selbstliebe" einfach "Selbstverliebtheit" machen, geben wir dem Begriff etwas Abwertendes. Sich selbst zu lieben ist auch grundsätzlich gesünder, als in sich selbst verliebt zu sein. Wenn Sie in eine andere Person verliebt sind, dann bedeutet dies, dass Sie nur noch Augen für diese haben. Lieben Sie einen Menschen, dann schließt das nicht aus, dass auch noch andere den gleichen Stellenwert in Ihrem Herzen haben können.

Was ist Narzissmus tatsächlich?!

Wie bereits erwähnt handelt es sich bei Narzissmus an sich lediglich um die gesunde Variante, von welcher wir alle etwas haben sollten. Jedoch kommt irgendwann ein Punkt, an dem die Grenze zum Ungesunden überschritten und "Narzissmus" zum "krankhaften Narzissmus" wird.

Herkunft und Bedeutung des Begriffs

Tatsächlich hat das Thema wesentlich etwas mit der Blume "Narzisse" zu tun, welche sich durch ihre von Natur aus gegebenen Eigenschaften dafür prädestiniert.

https://de.123rf.com/profile_kotkoa

Sie überragt die meisten Blumen in ihrer Größe, sie ist prächtig und hat viele verschiedene Erscheinungsformen zu bieten. Eine davon sehen Sie auf der Grafik (links). Sie ist durchaus eine stolze Blume, der man Eitelkeit, würde sie eine solche empfinden, nicht verübeln könnte. Wird sie doch von so vielen Menschen bewundert, ja in manchen Ländern und Kulturen sogar als Glückssymbol oder begehrenswert angesehen. Doch nicht nur das. Eine Narzisse, in welcher Erscheinungsform auch immer, scheint durch ihren tendenziell geneigten Kopf auf die kleineren Blumen und den Grund, aus dem sie wachsen, hinab zu schauen, als würde sie um ihre Überlegenheit wissen. Und diese bezieht sich nicht nur auf physische Größe und Erscheinung, sondern auch auf ihre Macht über Leben Tod.

Ja, Sie haben richtig gelesen. Wenn Sie nicht gerade einen grünen Daumen haben, mit Narzissen zu tun haben, oder einfach nur über ihre Eigenschaften Bescheid wissen, werden Sie jetzt und während der nächsten Zeilen verstehen, was die Narzisse so für das Symbol des, vor allem krankhaften, Narzissmus' prädestiniert/e.

Zum einen leitet sich der Name der Blume vom griechischen Wort νάρκειν (narkein) ab, welches soviel bedeutet wie "betäuben". Die wunderschöne "griechische Dichternarzisse" verströmt nämlich einen betörenden Duft, welchem sie ihren Namen vor allem zu verdanken hat.

Genauso lässt sich diese Übersetzung aber auch auf ihr Gift, welches sie in und auf sich trägt, auslegen. Denn dieses gibt ihr die bereits beschriebene "Macht über Leben und Tod", in erster Linie in Bezug auf alle anderen Blumenarten. Stellen Sie beispielsweise nur eine Narzisse zusammen mit anderen Blumen in eine Vase, fällen sie sogleich das Todesurteil über die Nicht - Narzissen. Denn sie werden die Narzisse nicht überleben. Nach einer Weile werden Sie feststellen, wie alle Blumen, außer der Narzisse, trotz ausreichender Versorgung eingehen. Sie ist die Königin, wenn man so will.

Aber auch für andere Lebewesen wie z.B. unsere Tierwelt (zu der auch wir gehören) ist ihr Gift gefährlich. Ihre Zwiebeln mögen sich optisch nicht großartig von essbaren unterscheiden, weshalb Sie diesbezüglich vorsichtig sein sollten. Lähmungserscheinungen, Übelkeit, Erbrechen, etc., hat es alles schon gegeben. Große Mengen, welche ein Normalverbraucher für gewöhnlich nie erreichen würde, könnten sogar den erwachsenen Menschen töten.

Der narzisstische Narziss

Um Sie langsam in die Thematik des krankhaften Narzissmus' einzuführen, möchte ich zu Beginn intensiver auf eine alte griechische Geschichte, eine Sage, über einen Helden namens Narziss eingehen, welcher sich selbst so bewunderte und liebte, dass er sich eigens Umarmungen gab und so oft wie möglich sein Spiegelbild im Wasser betrachtete. Weiter besagt die Geschichte, dass Narziss eines Tages den Halt verlor und quasi in seinem Spiegel-

bild ertrank. Sein Leichnam sollte verbrannt werden, jedoch seien die Flammen zurückgewichen und stattdessen eine Blume, die wunderschöne Narzisse, erblüht.
Und hier bietet sich eine Verbindung zum Narzissmus an. Sie werden im Laufe des Buchs merken, wie viele Aspekte des Narzissmus' sich auf die Narzisse und ihre Eigenschaften sowie diese Geschichte beziehen lassen.

Die Sage über den griechischen Helden verbindet und beinhaltet, in ihrer interpretierten Form, quasi mehr oder weniger alles, was den Narzissmus nach laienhaftem sowie psychologischem Verständnis ausmacht, inklusive Narzisse.

Um Ihnen das Ganze etwas verständlicher zu machen, werde ich es im Folgenden erläutern.

Die Selbstverliebtheit, auf welche der Narzissmus in der Gesellschaft gern reduziert wird, zeigt sich in der Vernarrtheit Narziss' in sich selbst und vor allem dem Betrachten seines eigenen Spiegelbildes im Wasser. Man könnte auch sagen, es wirkt wie eine Karikatur der einfachen Selbstliebe. Soviel zur oberflächlichen Betrachtung, nach welcher die Reduzierung auf die Selbstverliebtheit ja durchaus plausibel ist. Und da gibt es auch eine Art von krankhaften Narzissten, welche diesem Bild entsprechen, auf welches ich später noch genauer eingehen werde.

Der pathologische Narzissmus in Form einer Persönlichkeitsstörung lässt sich hier zwischen den Zeilen herauslesen. Denn eigentlich können diese Narzissten sich selbst in der Regel nicht ausstehen oder haben zumindest eine gewisse Ablehnung gegen ihre eigene Person (das kommt auch auf Art und Schweregrad an, auf den ich noch eingehen werde). Um ihre tief sitzenden Minderwertigkeitskomplexe zu kompensieren, versuchen sie, sich selbst aufzuwerten, indem sie sich in den Vordergrund drängen, ihre eigene Person und deren Bedürfnisse in den Mittelpunkt ihres Universums stellen. Dabei sind alle Mitmenschen teil dieses Universums, in welchem sie dem Narzissten quasi untertan sind. Seine Bedürfnisse sind (weitaus) wichtiger, als die aller anderen, in der eigenen kleinen, kranken, Welt.
Aus der Geschichte können Sie das herauslesen, indem Sie zwei Stellen wie folgt interpretieren.

Narziss umarmt sich im Alltag selbst. Warum umarmt man jemanden in der Regel, im Alltag?! Vielleicht wollen wir ihn trösten, ihm Zuneigung schenken, vielleicht auch Danke sagen oder einfach unsere Gefühle für ihn ausdrücken. Oder wir begrüßen ihn einfach auf herzliche Art und Weise. Dass Narziss sich immer wieder selbst begrüßt, halte ich in diesem Zusammenhang für eher unwahrscheinlich. Natürlich könnte man auch sagen, er möchte sich selbst seine Liebe spürbar machen, doch im Endeffekt läuft alles auf eine eher traurige Gestalt hinaus. Wenn Sie jemanden, im Film oder gar im Alltag, dabei erwischen würden, wie er sich selbst umarmt, wäre das doch eher ein bemitleidenswerter Anblick, der Sie wohl eher nicht auf die Idee bringen würde, zu denken, das sei ein selbstbewusster Mensch, der sich umarmt, weil er so glücklich mit sich selbst ist. Gerade weil sie tief in ihrem Inneren nicht glücklich sind, versuchen diese Menschen, sich selbst alles zu geben, was nur geht.

Eine andere Stelle wäre die, an der Narziss "den Halt verl[iert] und quasi in seinem Spiegelbild ertr[inkt]". Der Halt, die ihm seine Selbstbezogenheit gibt, ist diesem Narzissten zugleich Verderben, denn der Halt ist instabil. Die narzisstische Welt ist eine zerbrechliche, welche sich nur an sich selbst festhält, womit wir schon wieder beim Umarmen wären. Und so ist auch der Narzisst ein sensibles und zerbrechliches Wesen, dessen seelische Schutzmechanismen vor allem in der Befriedigung der eigenen Bedürfnisse und Erhebung der eigenen Person über alle anderen Lebewesen fungieren. Man könnte sagen, es ist auch ein Versuch, sich unangreifbar zu machen. Den Halt zu verlieren und in seinem eigenen Spiegelbild, also seinem eigenen "Verderben", zu ertrinken, liegt beim Narzissten also gar nicht so fern.

Dass sogar die Flammen den toten Narziss nicht anzugreifen wagen und stattdessen dem Aufblühen einer "wunderschönen [...] Narzisse" weichen, unterstreicht zum einen den Aspekt des "Unangreifbaren" und beinhaltet in diesem Kontext zum anderen natürlich die Narzisse als Blume. Sie erblüht aus dem Leichnam des Helden, was ihm post mortem einen ganz besonderen Status verleiht. Aus dem toten Helden erblüht neues Leben in Form einer Blume, welche alle anderen Blumen übertrifft und übertreffen wird. So wie er sich selbst anscheinend in seiner Welt wahrnahm.

Alles in Allem kann man sagen, dass die Narzisse bei diesem Thema eine zentrale Rolle spielt, wenn nicht sogar als Symbol des Narzissmus' bezeichnet werden kann.

Der krankhafte Narzissmus und seine Unterformen

In Bezug auf die Geschichte musste ich mich in meinen Erklärungen natürlich auch an diese halten, weshalb ich hier nun näher auf verschiedene Abstufungen und Formen, welche ich gerade nicht berücksichtigen konnte, eingehen werde.

Narzissmus erstreckt sich über ein Spektrum, welches von "gesunde Ausprägung", über "deutliche narzisstische Züge" bis hin zu "Narzisstische Persönlichkeitsstörung in *dieser und jener* Form" alles abdeckt. Es ist also ein sehr komplexes, aber auch äußerst spannendes, Thema, für das Sie sich hier interessieren. Am besten beginnen wir mit der genaueren Beschreibung des gesunden Narzissmus', über den Sie hoffentlich verfügen.

Gesunder Selbstwert/gesunder Egoismus

Sie sollte jedem von uns innewohnen und unser Leben bereichern. Der gesunde Narzissmus ermöglicht es uns, über ein stabiles Selbstwertgefühl zu verfügen und nach diesem zu handeln. Uns selbst zu achten und mit Respekt zu behandeln. Wenn man so will, ist es eine Kombination aus gesundem Selbstwertgefühl und gesundem Egoismus, was allein schon für den Selbsterhaltungstrieb erforderlich ist. Gleichzeitig beeinträchtigen diese beiden keine weiteren Eigenschaften ihres Menschen (z.B. Empathiefähigkeit, Gewissenhaftigkeit, …), viel eher unterstützen sie dessen positive Seiten. Wer mit sich selbst im Reinen ist, der kann auch positiver auf andere wirken. Sowohl passiv, als auch aktiv.

Deutliche narzisstische Züge

Menschen, die in ihrer Persönlichkeit unter diese Kategorie fallen, sind genauso wenig krank, wie eben beschriebene. Nur sie ecken öfter an und scheinen besonders selbstbewusst zu sein (zumindest erleben Außenstehende sie so). Dennoch fällt dies noch nicht unter "krankhaft", da diese Eigenschaften immer noch keinen negativen Einfluss auf die restlichen Eigenschaften des Menschen haben. Es herrscht hier noch kein Leidensdruck bei ihm selbst oder seinen Mitmenschen.

Krankhafte Formen

Erst jetzt wird der Narzissmus problematisch, weil er beginnt, die anderen Eigenschaften seines Wirts für sich und seine Zwecke einzunehmen. Es entsteht subjektives Leid sowie Leid bei den Mitmenschen. Es gehen nämlich beispielsweise mit zunehmender Schwere der narzisstischen Ausprägung immer mehr soziale Kompetenzen verloren. Die Selbstbezogenheit beginnt, Mauern um sich herum zu bauen und wird so zum Tunnel, welcher sich mit zunehmendem Narzissmus immer weiter verengt.

Wie das so ist, in der Psychologie sowie in anderen Wissenschaften, gibt es verschiedene Theorien und Ansätze bezüglich bestimmter Phänomene und Störungen. So auch beim krankhaften Narzissmus.

Nach einer Studie von Russ und Kollegen (2008) lässt sich der Narzissmus wie folgt einteilen:

- Der grandios - maligne Narzisst
- Der verletzlich - fragile Narzisst
- Der hochfunktionelle und exhibitionistische Narzisst

Nach Psychotherapeutin und Autorin Bärbel Wardetzki (2000) lässt sich der pathologische Narzissmus in zwei Pole aufteilen:

- Der weibliche Narzissmus
- Der männliche Narzissmus

Zunächst möchte ich mit zweiter Einteilung beginnen:

Vorweg: Wichtig ist, dass Sie sich darüber im Klaren sind, dass "weiblich" und "männlich" in diesem Falle nicht auf die entsprechenden Geschlechter beschränkt sind. Zwar sind die meisten männlichen Narzissten auch vorrangig von den Symptomen und Merkmalen des männlichen Narzissmus' betroffen und umgekehrt, jedoch schließen sie das andere Geschlecht nicht aus. Nach Wardetzki handelt es sich nämlich weniger um eine Einteilung in Kategorien, als um zwei Pole, die in unterschiedlicher Gewichtung und Kombination in jedem Betroffenen einer narzisstischen Persönlichkeitsstörung zu finden sind. Durch die tendenziell stärkere Gewichtung des weiblichen Pols bei betroffenen Frauen und umgekehrt bei betroffenen Männern, entsteht der Eindruck, beide Formen seien klar trennbar und in Geschlechter einzuordnen. Das sind sie jedoch nur in der Theorie, nicht aber in der Praxis.

Der weibliche Narzissmus

Er zeichnet das Bild einer Person, deren Narzissmus inmitten von Minderwertigkeitskomplexen, Depression und Hilflosigkeit gedeiht und waltet.

Die Betroffenen neigen dazu, sich für Anerkennung übermäßig anzupassen und nehmen in der Regel das weibliche Rollenbild der Gesellschaft ein. Durch die Überanpassung sollen auch Schwächen kompensiert werden, genauso wie durch das übermäßige Bemühen um eigene Leistung und Attraktivität.

Sie gehen quasi in anderen Menschen auf und verfügen über eine besonders ausgeprägte Empathiefähigkeit, welche sogar bis zur Übernahme der Gefühle anderer in die eigene Gefühlswelt gehen kann. Sie haben ein perfektes Wunschbild von sich selbst, das sie in ihnen nahestehenden Personen, z.B. und meist im Lebenspartner, suchen. Dabei übertragen sie auch unterbewusst idealisierte Eigenschaften, die sie selbst gern hätten, in diese Menschen, identifizieren sich mit ihnen. Nicht selten spielt dabei eine Art Bemutterung mit, paradoxerweise, gleichzeitiger Suche nach einer Elternfigur in diesen Personen, eine Rolle. Dabei geht es vor allem um das Bedürfnis und die Suche nach Halt.

Diese Form des Narzissmus' bringt eine eher passive Form der Aggressivität mit sich, was sich nach außen hin oft in Gestalt von Verweigerung und Trotzverhalten zeigt. Genauso findet häufig eine innere Abwertung der Personen, mit denen die entsprechende Situation zusammenhängt, statt. Es wird quasi Groll gehegt.

Im Großen und Ganzen nehmen Betroffene eine Opferrolle in ihrem Leben ein und schwanken ständig zwischen dem Gefühl sowie Wunsch der Grandiosität und Minderwertigkeitskomplexen.

Der männliche Narzissmus

Während es sich beim weiblichen Narzissmus eher um einen verdeckten, schwer erkennbaren, handelt, haben wir beim männlichen den klassischen Narzissmus, wie Sie ihn sich wahrscheinlich schon eher vorstellen.

Im Vordergrund steht die Grandiosität, die Großartigkeit, welche Betroffene sich selbst zuschreiben. Sie kämpfen stets um Anerkennung und Selbstbestimmtheit. Dabei nehmen sie in der Regel das männliche Rollenbild in der Gesellschaft ein.

Durch die Betonung ihrer Großartigkeit sollen vor allem Minderwertigkeitskomplexe und Schwächen kompensiert werden. Schwächen dürfen sie selbst nämlich in ihrem Weltbild nicht haben.

Sie verhalten sich eher distanziert und haben es mit der Empathiefähigkeit nicht so sehr. Ein klassisches "Wir - Gefühl" gibt es nicht, jedoch ein narzisstisches "Alle/s für mich - Gefühl".

Das Selbstwertgefühl wird versucht, mit der Bewunderung anderer Menschen und vor allem des Lebenspartners, zu stabilisieren. Dabei identifizieren die Betroffenen sich mit dem Idealbild, von dem sie glauben, dass diese Menschen es von ihnen haben. Die Suche nach einer Elternfigur (meist Mutterfigur) spielt auch hier eine Rolle.

Im Gegensatz zum weiblichen Narzissmus, geht mit dem männlichen eine eher offene Aggressivität einher, die sich häufig in Form von Auflehnung und offener Abwertung anderer Personen äußert.

Alles in Allem kann dem Betroffenen hier die Verfolgerrolle zugeschrieben werden.

Nach Russ und Kollegen:

Hier soll gesagt sein, dass es sich um theoretisch beschriebene Beobachtungen einer Studie handelt, weshalb auch hier gilt, dass in der Praxis die verschiedenen Formen sich vermischen können und nicht zwingend einzeln bei einem Betroffenen auftreten. Daher ist denkbar, dass es sich eher um Facetten ein und derselben Störung handelt, welche sich in verschiedenen Ausprägungen zeigen können.

Der grandios - maligne Narzisst

Diese Art von Narzisst ist eine potenzielle Gefahr für die ganze Gesellschaft, auf alle Fälle gefährlich aber für sein Umfeld. Man könnte ihn als Narzissten mit stark antisozialen Tendenzen, brodelnder Aggression und paranoiden Anteilen bezeichnen. Er ist eine tickende Zeitbombe, von welcher man nicht weiß, wie lange sie noch tickt und wann, und ob, sie hochgeht. Zwei berühmte Beispiele, die gut in dieses Bild passen, wären Adolf Hitler und Joseph Stalin, welche auch als "maligne Narzissten" bezeichnet werden. Doch hier muss man sagen, dass auch Frauen davon betroffen sind bzw. sein können. Die meisten sind jedoch männlich.

Sie sind davon überzeugt, großartig zu sein, und können mit Kritik ganz und gar nicht gut umgehen. Fühlen sie sich in ihrer grandiosen Persönlichkeit nicht angemessen wertgeschätzt oder gar herabgesetzt, liegt ihnen die Rache als Antwort darauf am nächsten. Gewissenhaftigkeit und Reue sind eher nicht gegeben.

Dabei ist es nicht einmal notwendig, dass die "zu geringe" Wertschätzung oder Herabsetzung in der

Realität, in der die meisten anderen Menschen um sie herum leben, tatsächlich stattgefunden hat. Denn durch ihre Neigung zur Paranoia interpretieren sie vieles falsch und bilden sich ein, etwas oder jemand wäre gegen sie, wodurch sie in ihren Mitmenschen schnell Feinde sehen. Und gerade weil sie in ihrer eigenen Realität leben, sind sie unberechenbar und damit umso gefährlicher.

Der verletzlich - fragile Narzisst

Diese Form erinnert in Teilen an den weiblichen Narzissmus nach Wardetzki und wird auch als "verdeckter Narzissmus" bezeichnet. Er ist geprägt von Depression, Angst und Scham. Betroffene sind sehr verletzlich, vor allem in Bezug auf Kritik, Ablehnung und Misserfolg. Sie haben zudem Probleme damit, sich in andere Menschen hineinzuversetzen.

Im Gegensatz zu den andere Formen nach Russ und Kollegen sind verletzlich - fragile Narzissten eher bereit, sich professionelle Hilfe zu suchen, da sie eben meist unter diesen psychischen Problemen, wie Eingangs erwähnt, leiden.

Der hochfunktionelle und exhibitionistische Narzisst

Hier haben wir es mit der Art von Narzisst zu tun, der keinen Hehl daraus macht, wie großartig er sich findet. Er geht offen damit um und lässt alle Menschen an seiner Großartigkeit teilhaben und wirkt äußerst selbstbewusst. Dadurch zieht er die Aufmerksamkeit an, die er braucht, um sein Ego aufrechtzuerhalten. In unserer Leistungsgesellschaft mit dem inoffiziellen Leitsatz "schneller, höher, weiter" kommt ein solcher Mensch gut klar, kann sich anpassen und so sehr erfolgreich werden. Der Begriff des "offenen Narzissmus'" kann hierfür auch verwendet werden.

Die narzisstische Persönlichkeitsstörung allgemein

So unterschiedlich die Ansätze und Unterscheidungen auch sind, in seinen Grundzügen zieht sich der Narzissmus mehr oder weniger durch sie alle.

Nach dem Diagnosehandbuch "DSM 5", welches das Klassifikationssystem der "Amerikanischen Psychiatrischen Vereinigung" darstellt, gibt es Merkmale, die eine narzisstische Persönlichkeitsstörung in ihren Grundzügen ausmachen sollen.

Den Beginn siedelt das DSM in Jugend oder frühem Erwachsenenalter an. Auch werden typische Symptome in Form von Kriterien beschrieben, von welchen mindestens 5 gegeben sein müssen, um einer Person eine solche Störung bescheinigen zu können/dürfen.

Die 9 Diagnosekriterien nach DSM bzw. typisch sind demnach ... (**Wichtig:** *Nur mindestens 5 müssen zutreffen, weshalb diese Kriterien den Einteilungen nach Russ und Wardetzki nicht widersprechen*) :

- ein überzogenes Verständnis der Wichtigkeit der eigenen Person. Beispiel: Wenn sie von sich erzählen, betonen Betroffene ihre Leistungen so sehr, dass sie alle anderen, die vielleicht an einem Projekt mitgearbeitet haben, in dieser Darstellung in ihrem Schatten stehen. Oder/Und sie erwarten von anderen, dass diese ihre Großartigkeit anerkennen, ohne direkt entsprechende Leistungen erbracht zu haben.

- die Eingenommenheit von Phantasien über unbegrenzten Erfolg, über Macht, Grandiosität, Ideale oder/und Schönheit.

- die Ansicht, etwas ganz Besonderes zu sein und die Überzeugung, nur von anderen "besonderen" Menschen Verständnis erwarten und/oder nur Kontakt mit solchen Menschen pflegen zu können.

- die subjektiv empfundene, unbedingte, Notwendigkeit der Bewunderung durch andere Menschen.

- hohe Ansprüche an das Verhalten anderer ihnen gegenüber. Es sollen ihnen am besten Wünsche von den Lippen abgelesen werden und sie sehen es als Selbstverständlichkeit, besonders behandelt, also bevorzugt, zu werden.

- die Ausnutzung anderer für das Erreichen eigener Ziele → ausbeuterische Beziehungsgestaltung.

- der Mangel an Empathievermögen.

- Neid. Sie sind oft neidisch auf andere Menschen oder/und der Meinung, andere seien neidisch auf sie.

- Arroganz und Hochmut.

Eine besondere Erscheinungsform: Narzisstische Mütter

Dass es in der Praxis schwierig, ja eigentlich unmöglich, ist, die einzeln beschriebenen Formen und Zuordnungen voneinander zu trennen, zeigt das Beispiel der "Narzisstischen Mütter".

Dabei scheint es sich um eine besonders gemischte Form zu handeln, da diese Betroffenen tatsächlich formenübergreifende Symptome und Verhaltensweisen an den Tag legen. Sie sind überhaupt nicht in irgendeine Beschreibung nach Russ oder Wardetzki einzuordnen.

Mütter mit einer narzisstischen Persönlichkeitsstörung lassen sich besonders gut mit der Narzisse vergleichen. Sie sind Gift für ihre Familie, vor allem aber für ihre Kinder. Gleichzeitig suchen und erwarten sie Bewunderung durch Außenstehende, andere Verwandte, Bekannte, Freunde. Sie vereinen den Aspekt der Bewunderung für die Narzisse und deren Gift in sich.

Wichtig ist, dass Sie sich darüber im Klaren sind, dass die folgenden Beschreibungen allgemein gehalten sind. Ich gehe in meinen Beschreibungen quasi von einem "Worst Case" oder "Musterfall" aus. Es gibt natürlich auch hier in der Praxis nicht "die narzisstische Mutter", jedoch sind die Grundstrukturen immer in irgendeiner Form da. Das Phänomen dieser Mütter wurde und wird nicht zuletzt auch von betroffenen Kindern (mittlerweile erwachsen), also Opfern, beschrieben. Und die Aussagen überschneiden sich.

Wenn Frauen mit ausgereifter narzisstischer Persönlichkeitsstörung Mütter werden, dann hat das seltenst etwas Gutes zu bedeuten, denn, zumindest emotionaler und seelischer, Missbrauch ist meist vorprogrammiert. Die selbstbezogene bis selbstsüchtige Persönlichkeitsstruktur wird sich nämlich durch die Schwangerschaften und Geburten nicht ändern. Die eigenen Bedürfnisse stehen danach immer noch über allem, auch über denen der Kinder. Ganz gleich, wie alt diese sind.

Das "Goldene Kind" und der "Sündenbock"

Ein weiteres Phänomen, das beobachtet werden konnte, ist die Aufteilung der Kinder in Lieblingskinder und schwarze Schafe. Je nachdem, wie viele Kinder sie hat, sind beide Rollen ein - oder mehrfach besetzt. Sie sieht ihre Kinder nicht als eigenständige Wesen, die bedingungslose Liebe verdienen und brauchen, sondern als eine Art Erweiterung ihrer selbst. Sie hat keine Kinder, sie besitzt Kinder. Wie man ein Auto, ein Haus oder eine Wohnung besitzt.

In diesem Zusammenhang gibt es also meist (wenn wir von 2 Kindern ausgehen) ein sogenanntes "Goldenes Kind" und einen "Sündenbock". Ersteres ist Mutters ganzer Stolz und wird verwöhnt. Es dient oft in ganz besonderem Maße als Vorzeigekind, von welchem Perfektion erwartet wird. Nicht selten muss es dieses und jenes Instrument spielen, ist am besten gleichzeitig noch grandios in einer Sportart oder sonstigem. Es dient dazu, nach außen zur Schau zu stellen, was für eine tolle Mutter sie sein muss, ein so perfektes Kind hinbekommen zu haben.

Der Sündenbock ist hingegen an allem Schuld und wird im schlimmsten Falle regelrecht von der Mutter gehasst. Es kann nichts richtig machen und hat in den Augen der Mutter keinerlei Ansprüche zu erheben. Es hat sich stets für andere, vor allem für sie und das goldene Geschwisterkind, aufzuopfern und kein Recht auf Autonomie. In der Öffentlichkeit wird es von der Mutter bewusst gedemütigt, jedoch stets verdeckt und nie offensichtlich, sodass ihre fiesen Absichten anderen Menschen verborgen bleiben. Oft kommt bei solchen Müttern auch noch ein gewisser Sadismus hinzu, welcher sie dazu verleitet, das gehasste Kind als Prellball zu benutzen und sie zu jeder sich ihnen bietenden Gelegenheit emotional zu verletzen. Je mehr Sadismus vorhanden ist, desto mehr Freude bzw. Befriedigung empfinden sie dabei.

Gibt es nur ein Kind, kann sich das Verhalten der Mutter dem Kind gegenüber in alle möglichen Richtungen bewegen. Über einen solchen Fall gibt es bisher auch noch zu wenige Erkenntnisse, die eine Tendenz aufzeigen könnten.

Aber egal ob "Goldenes Kind" oder "Sündenbock". Beide werden von der Mutter missbraucht, nur auf verschiedenen Ebenen. Das Lieblingskind muss immer den hohen Erwartungen der Mutter entsprechen und läuft stets Gefahr, ihnen nicht gerecht zu werden. Der Status des Lieblingskindes ist nämlich keinesfalls gefestigt. Diese Kinder müssen immer Angst haben, in der Hierarchie nach unten zu rutschen, und was das bedeuten würde, sehen sie tagtäglich am Umgang der Mutter mit den Sündenböcken.

Der Missbrauch des Sündenbocks findet eher auf einer aggressiven bis brutalen Ebene statt und ist direkter, als der des Lieblingskindes. Während jenes nämlich eher hinten herum und verdeckt Psychoterror ausgesetzt ist, ist der Sündenbock eine direkt zugängliche und genutzte Zielscheibe. In bestimmten Fällen kann auch körperliche Gewalt und somit körperliche Misshandlung eine Rolle dabei spielen. Wobei sich die narzisstische Mutter häufig nicht selbst die Finger "schmutzig macht", sondern gern eines oder mehrere ihrer anderen Kinder auf die betroffenen Geschwister (oder auch den Vater bzw. Ehemann) hetzt. Durch ihr manipulatives Wesen schafft sie das auch locker.

Übrigens: Der Vater spielt in einer Familie mit nar-

zisstischer Mutter bzw. "Herrin" eine eher untergeordnete Rolle. Meist handelt es sich um unterwürfige und gut zu beeinflussende Männer, welche sich die Narzisstin natürlich nicht ohne Hintergedanken ausgesucht hat.

<u>Die möglichen Hintergründe dieser Rollenzuschreibung</u>

Es wird vermutet, dass die narzisstische Mutter ihre eigene innere Welt nach Außen und auf ihre Kinder überträgt. Da sie diese in der Regel als Erweiterung ihrer selbst sieht, könnte man sagen, sie nutzt diese Erweiterung als Art Projektionsfläche.

Jeder von uns hat doch Eigenschaften, die er an sich selbst nicht so mag. Die narzisstische Mutter hat eine ganz besondere Abneigung gegen eigene Anteile, welche sie möglichst von sich fernhalten möchte. Da dies aber nicht geht, weil sie nunmal zu ihr gehören, projiziert sie all die Anteile, welche sie an sich selbst verabscheut oder einfach ablehnt, auf das Kind, welches später den Sündenbock darstellt.

Alle von ihr als willkommen und positiv empfundenen Eigenanteile, oder Anteile, von denen sie glaubt, sie zu haben, projiziert sie hingegen auf das Kind, welches später das "Goldene Kind" sein wird.

Weil sie den von ihr als negativ empfundenen Teil in sich nicht ertragen kann, ist es für sie eine optimale Lösung, diesen einfach auf jemanden anderen, schwächeren, zu übertragen. So muss sie sich nicht selbst hassen, sondern kann ihre Ablehnung gegen das Kind richten. Statt sich selbst für ihre Fehler bestrafen zu müssen, wirft sie dem Kind diese Fehler vor, um es dann dafür zu bestrafen.

Das Lieblingskind, dem sie ja ihre eigene "Großartigkeit" zuschreibt, kann sie zu Höchstleistungen treiben und damit ihre eigenen Träume in dem Kind verwirklichen. Gleichzeitig kann sie es verwöhnen und darin aufgehen, da sie sich ja mit diesem Kind identifiziert. Belohnt und verwöhnt sie das Lieblingskind, belohnt und verwöhnt sie sich quasi selbst. Denn eigentlich fällt es der narzisstischen Mutter ebenfalls schwer, sich selbst zu belohnen und positive Einstellungen zu sich selbst zu entwickeln.

Oft sind gerade die Töchter die Sündenböcke, wenn es auch Söhne gibt. Das liegt eventuell auch daran, dass es generell zwischen Mutter und Tochter (sowie Vater und Sohn) besonders viele Reibereien, vor allem in der Pubertät, gibt. Zum anderen identifizieren sie oft ihre schlechte Seite mit dem weiblichen Geschlecht. Warum diese Tendenz da ist, ist noch nicht genau beschrieben. Es ist nur ein Phänomen, das beobachtet wurde.

Dabei hat die Behandlung des Lieblingskindes aber nichts mit Liebe zu tun. Es ist eher und hauptsächlich ein Ausnutzen, ein Hinhalten und Missbrauchen für eigene Zwecke. Narzisstischen Müttern wird allgemein eine Unfähigkeit oder wesentlich eingeschränkte Fähigkeit zu lieben zugeschrieben. Weder andere Menschen, noch sich selbst.

Die Bühne des Lebens

Man kann sich das Leben und die Lebensgestaltung einer narzisstischen Mutter wie ein Theaterstück vorstellen. Sie spielt die Hauptrolle, Kinder und Ehemann die Nebenrollen. Die restlichen Verwandten, Freunde und Bekannte sind Statisten und die anderen Mitmenschen das Publikum.

Alles ist quasi inszeniert, alles soll im Endeffekt sie in der Hauptrolle beleuchten. Der offensichtliche Missbrauch am Sündenbock findet grundsätzlich nicht in der Öffentlichkeit, sondern nur hinter verschlossenen Türen, statt. In der Öffentlichkeit lässt sie es sich jedoch auch nicht nehmen, ihrem "Hobby" nachzugehen. Da geschieht der Missbrauch in Form von mit Sorge getarnten Demütigungen und in Witze verpackten Sticheleien. Die angesprochenen Kinder wissen schon, wie sie die Botschaften interpretieren müssen, wurden sie doch ihr Leben lang auf diese konditioniert.

Eine Familie mit narzisstischer Mutter ist wie eine Frucht, die von Innen fault. Perfekt nach Außen hin inszeniert, jedoch früher oder später innerlich kaputt.

Typische Eigenschaften

Weitere typische Eigenschaften und Verhaltensweisen einer narzisstischen Mutter *(wobei natürlich nicht alles und genau in der Ausprägung zutreffen muss, da es auch hier verschiedene Ausprägungen und Schweregrade gibt. Die Summe aller folgenden Punkte und Beschreibungen würde quasi einen "Worst Case" ausmachen)*:

- Sie streitet stets alles ab, wenn nötig. Sie achtet auch darauf, dass die Dinge, die sie tut oder sagt, immer abstreitbar bleiben. Wenn sie beispielsweise mit einer bedenklichen Aussage ihrerseits konfrontiert wird, nutzt sie den Hinterausgang, den sie sich stets freihält, und nimmt ihre Erklärungen und Rechtfertigungen her. Sie habe das ja ganz anders gemeint … ! Er/Sie habe das ganz falsch verstanden …!, usw..

- Sie missachtet die Grenzen ihrer Kinder, weil diese Grenzen für sie nicht existieren. Die Kinder gehören ja immerhin ihr und sind ein Teil von ihr. Nach ihrem Verständnis ist das wörtlich zu nehmen. So sieht sie beispielsweise kein Problem darin, das Tagebuch ihrer pubertierenden Tochter zu lesen oder ihr jegliche Privatsphäre zu verwehren.

- Sie ist manipulativ und bedient sich gern der Sabotage. Die Leistungen der Kinder werden nur soweit anerkannt, wie sie ihr dazu dienen, sich zu brüsten und gut darzustellen. Verspricht sie sich keinen Mehrwert oder fürchtet sie sogar, ihr könnte die Show gestohlen werden, setzt sie alles daran, dem Kind das Erfolgsgefühl zu verderben oder sogar mit extra viel Nachdruck den Erfolg zu entwerten.

Die Manipulation zeigt sich vor allem auf emotionaler Ebene, um sich anschließend am Leid der Kinder zu laben. Oft werden Mütter mit einem so ausgeprägten Narzissmus von ihren Kindern, mittlerweile erwachsen, "emotionale Vampire" genannt.

So kam es z.B. schon vor, dass eine narzisstische Mutter wochenlang das Tagebuch ihrer Tochter studiert hatte, nur um ihre wunden Punkte genauer ausmachen zu können. Diese wunden Punkte drückte sie dann bei ihrer Tochter immer wieder bewusst, als wäre es ein Spiel. Zunächst nur in Andeutungen, um sie zu verunsichern, dann ließ sie irgendwann die Bombe platzen.

Die Sabotage zeigt sich beispielsweise im Bestreben, dem gehassten Kind schon im Voraus eine bevorstehende Prüfung oder Klassenarbeit durch besonders leidliches oder anderweitig belastendes Verhalten zu vermasseln. Mit dem Plan im Hinterkopf, dass das Kind durch die Prüfung rasselt oder eine schlechte Note schreibt, sodass sie hinterher etwa sagen kann: "Ich wusste es schon immer … du bist zu dumm für alles! Deine Schwester/Dein Bruder konnte das schon immer viel besser als du!" (o.ä.). Sie hätte in dem Falle also, ihrer Ansicht nach, wieder einmal Recht gehabt. Auch als Rache, für was auch immer, würde eine solche Aktion herhalten können.

- Erniedrigung, Kritik und Herabsetzung sind für den Sündenbock an der Tagesordnung. Es wird ständig versucht, ihn zu verletzen. Sie ist auch bestrebt, andere Leute in ihren Bann zu ziehen, wenn es darum geht, das Kind mit Sticheleien zu "ärgern". Sie hat es gern, wenn andere auch darüber lachen können.

- Wird sie beispielsweise von einem ihrer Kinder mit etwas konfrontiert, das sie getan oder gesagt hat, kann eine typische Reaktion darauf sein, dass sie vehement behauptet, dies sei nie passiert. Sie lässt dabei nicht einmal die Möglichkeit zu, dass ihr eventuell etwas entfallen sein könnte. Genauso typisch wären aber auch Aussagen wie: "Du hattest schon immer eine außergewöhnliche und ausgeprägte Phantasie!".

- Ihr Neid auf jeden, der in ihren Augen mehr oder das hat, als sie oder was sie gern hätte, macht auch vor ihren Kindern nicht Halt. Besonders mit Beginn der Pubertät beginnen narzisstische Mütter oft, mit ihren heranwachsenden Töchtern zu konkurrieren. Dabei kann es um Schönheit, sexuelle Aktivität, feste Freunde oder ähnliches gehen. Sie versucht ständig, die Tochter zu übertrumpfen und wird neidisch auf sie, wenn sie beispielsweise merkt, dass sich die Tochter viel schöner schminken kann, als sie sich selbst. Aber auch ein einfaches Geschenk zum Kindergeburtstag, was auch ihr gefallen würde und egal in welchem Alter das Kind ist, kann sie vor Neid platzen lassen. Typisch wäre z.B. eine Reaktion, in der sie dem Kind das Geschenk im Kontext einer Bestrafung, nicht selten für eine von ihr erfundenen "Tat", wegnimmt und schließlich selbst einheimst.

- Lügen ist einer der Haupt - Lebensinhalte der narzisstischen Mutter. Sie baut teilweise ganze Lügengebäude, die nicht gerade besonders stabil sind. Deshalb muss sie die Lügengebilde stets pflegen, um sie aufrechterhalten zu können. Wenn sie sich vor anderen dann doch mal verplappern sollte, oder eine Lüge droht, aufzufliegen, hat sie immerhin noch ihren Hinterausgang des "Abstreitens", den sie sich ja stets freihält. Die Erfindung eines Talents, das ihr Lieblingskind angeblich haben soll, ist dabei z.B. nicht ungewöhnlich, sondern eher typisch. So erzählt sie anderen Leuten beispielsweise stolz, wie gut ihr Kind in Mathematik sei, obwohl erst gestern die dritte 5 in diesem Fach nach Hause gebracht wurde. Dabei spielen alle Familienmitglieder in der Regel brav mit, denn sie wissen, was ihnen zuhause blühen würde, wenn nicht.

- Sie scheint sich von Aufmerksamkeit zu ernähren, denn sie muss so oft und lange wie möglich im Mittelpunkt stehen. Wenn sie z.B. eine Geburtstagsparty für ihr Lieblingskind ausrichtet, tut sie das in der Regel nicht für das Geburtstagskind, sondern für sich. **Sie** kann mit der selbstgebackenen Geburtstagstorte angeben, **sie** hat alles schön dekoriert, **sie** ist eine so tolle Mutter, dass **sie** sich diese Arbeit "ihrem Kind zuliebe" macht, etc..

- Selbstsucht, Egozentrik und Sturheit sind tief in ihrer Persönlichkeitsstruktur verankert, was sich eigentlich durch alle anderen Eigenschaften und Verhaltensweisen zieht.

- Sie verteidigt sich selbst und ihre Taten/Aussagen ständig (Rechtfertigung) und reagiert auf Kritik jeglicher Art sehr empfindlich. Dabei spielen Angriff und Verteidigung oft eine wesentliche Rolle.

- Angst ist ein sehr mächtiges Instrument, dem sich auch narzisstische Mütter in der Regel gern bedienen. Besonders das verhasste Kind lernt, dass Angst durchaus ein berechtigtes Gefühl gegenüber der Mutter ist. Denn sie trainiert es schon früh darin, ihren Zorn und ihre Bestrafungen zu fürchten. Mit einem einzigen Blick kann sie dem Kind die schrecklichsten Strafen androhen, wenn sie will.

- Im Großen und Ganzen ist sie ein kleines Kind im Körper einer erwachsenen Frau. Denn sie benimmt sich oft kindisch, bekommt Wutausbrüche, wenn sie nicht kriegt, was sie will. Das Werfen von Gegenständen ist dabei z.B. keine ungewöhnliche Anwandlung. Aber auch andere Verhaltensweisen erinnern an das eines bockigen Kindes. So reagiert sie z.B. auf Gegenwehr seitens des Kindes oder Gegenübers (aber weniger bzw. eher nicht in der Öffentlichkeit) mit weinerlichen Vorwürfen wie "Du liebst mich gar nicht, sonst würdest du das für mich tun", oder rechtfertigt ihre kindischen Reaktionen gegenüber dem Verhalten ihres vielleicht 8 - jährigen Kindes damit, dass es ja angefangen habe. Als wäre es völlig logisch und normal, das kindische Verhalten eines Erwachsenen mit dem kindischen Verhalten eines Kindes auf eine Ebene zu stellen.

- Nicht selten wird das Sündenbock - Kind in die Erwachsenenrolle gezwungen, indem es sich immer mehr um den Haushalt kümmern muss und dem geliebten Geschwisterkind, soweit es noch entsprechend klein ist, bei allem behilflich zu sein, was eigentlich die Aufgabe der Mutter wäre. Das Märchen von Aschenputtel ist hier ein gutes Beispiel.

- Ein ausbeuterisches Wesen und Bestreben sind ebenfalls meist tief verankert.

- Zwar ist Empathiefähigkeit meist vorhanden (oft sogar im Übermaße), jedoch kann die narzisstische Mutter diese oft an - und ausstellen, wann immer sie es braucht. Verspricht sie sich etwas davon, wenn sie in einer bestimmten Situation Empathie zeigt, dann tut sie das, fühlt es sogar. Wenn nicht, dann braucht sie sie auch nicht einzusetzen.

- Manchmal schafft sie extra Situationen, die sie von Anfang an als Gewinnerin sichern. Sie kann nur als Gewinnerin aus diesen Situationen hinausgehen.

- Sie scheint sich auch nicht für ihr Verhalten zu schämen, weil es für sie selbstverständlich ist.

- Es sind grundsätzlich die anderen Schuld, sie ist unfehlbar.

- Sie gönnt anderen kein Glück, schreckt dabei auch nicht davor zurück, beispielsweise scheinbar glückliche Beziehungen aktiv zu zerstören.

- Ihr ist es enorm wichtig, dass andere Menschen sie bewundern und nichts Schlechtes von ihr denken. Eine Mitgliedschaft in einem Verein, der Sonntägliche Kirchenbesuch, die übermäßige Hilfsbereitschaft, wenn sie sich von dieser etwas verspricht, sind für eine solche Mutter nicht außergewöhnlich. Es ist auch durchaus denkbar, dass sie sich extra regelmäßig in die Oper oder ins Theater setzt, obwohl sie in Wahrheit überhaupt nicht daran interessiert ist, nur um kultiviert zu wirken.

Ihre eigentlich armselige Überanpassung in der Öffentlichkeit, also alle Bestrebungen, von anderen Menschen anerkannt und bewundert zu werden und die Vermeidung von offener Aggression vor anderen, lassen sich eher in den weiblichen Narzissmus einordnen. Gleichzeitig ist sie aber im privaten Bereich ganz anders und benimmt sich hinter verschlossenen Türen offen aggressiv, um ihren Willen zu bekommen, was sich wiederum eher in den männlichen Narzissmus einordnen lässt. Der Missbrauch gegenüber den Sündenböcken, also den abgelehnten Kindern, wäre z.B. ein Zeichen für den malignen Narzissmus. Denn dieses Verhalten ist in der Regel boshafter Natur.

Nur um mal ein paar Beispiele zu nennen, die aufzeigen, wie wenig die theoretischen Beschreibungen und Einteilungen auf den Einzelfall in der Realität übertragen werden können.

Wichtig: Natürlich gilt es zu erwähnen, dass es auch narzisstische Väter gibt, bei denen sich das Ganze nochmal etwas anders, aber dennoch in vielen Punkten ähnlich, verhält.

Narzissmus im Märchen

Narzissmus lässt sich auch in vielen Märchen und Geschichten wiederfinden, wie beispielsweise in Aschenputtel, Rapunzel oder Schneewittchen. Während es hier hauptsächlich um die Rolle der narzisstischen Mutterfigur (in Form der Hexe, Stiefmutter oder Frau Gotel) geht, gibt es auch noch andere Märchen, in denen sich andere Erscheinungsformen des Narzissmus' widerspiegeln.

"Der Prinz im Eisenofen" bietet sich hier ganz besonders an. Dabei handelt es sich um ein eher unbekanntes Märchen *aus der Sammlung der Gebrüder Grimm.*

"Zur Zeit, wo das Wünschen noch geholfen hat, ward ein Königssohn von einer alten Hexe verwünscht, dass er im Walde in einem großen Eisenofen sitzen sollte."

Hans - Peter Röhr, Pädagoge und Psychotherapeut, hat ein Buch geschrieben ("Narzissmus - Das innere Gefängnis"), in dem er dieses Märchen und dessen

Protagonisten als Exempel für gleich zwei Typen des Narzissmus' hernimmt.

Das Märchen handelt von einem jungen Prinzen, der so lange eingesperrt ist, bis eines schönen Tages ein sehr vornehmes junges Mädchen zu ihm vordringt und sich in den Prinzen verliebt. Auch sie ist ein Königskind, eine Prinzessin. Sie braucht jedoch sehr lange, um mit einem Messer ein ausreichend großes Loch in den Ofen zu "schrabben", sodass der Prinz hindurch passt.

Am Ende des Märchens steht die Hochzeit der beiden, nach der sie zusammen zwei Königreiche besitzen und "in gutem Ehestand" leben. Der Weg dorthin ist aber mehr als steinig, denn die Prinzessin muss, so verlangt es ihr Angebeteter (verspricht ihr dafür, sie, die sich verlaufen hatte, in kurzer Zeit wieder nach hause zu ihrem geliebten Vater geleiten zu lassen. Sie sollte dafür aber zurückkommen und ein Messer mitbringen, um ihn aus dem Ofen zu befreien), unter anderem einen Berg aus Glas erklimmen, ein Hindernis aus scharfen Schwertklingen und einen großen Fluss überwinden. Nach einer Ewigkeit angekommen, lässt sie sich als Küchenmagd einstellen, um in das Schloss zu kommen. Dort muss sie jedoch feststellen, dass ihr Geliebter schon eine andere Frau an seiner Seite hat, die er sobald heiraten würde. Wo er doch dachte, die Prinzessin sei längst auf dem Weg verstorben. Die "Küchenmagd" schafft es mit hilfe wunderschöner Kleider, welche, ähnlich wie bei Aschenputtel, aus Nüssen entsprangen, die zukünftige Frau des Prinzen davon zu überzeugen, ihr als Preis für die Kleider statt Geld je eine Nacht in der Kammer ihres Zukünftigen zu gewähren. Zur Sicherheit verabreicht die Dame dem Prinzen jede Nacht einen Schlaftrunk. Die Prinzessin weiß das nicht und denkt, der Prinz wolle und beachte sie nicht mehr. So weint sie zwei Nächte lang durch. In der dritten Nacht entgeht der Prinz dem Schlaftrunk, und als die Prinzessin wieder zu weinen und ihm vorzuhalten beginnt, dass sie ihn doch gerettet und wie viel sie für ihn auf sich genommen habe, springt er auf und sichert ihr zu, sie sei die Einzige für ihn und er würde sie heiraten wollen.

Also eine sehr steinige Liebesgeschichte, welche so einige Hindernisse für die Prinzessin, die sich am Ende trotzdem mit dem Prinzen aus dem Eisenofen verheiratet, bereithält. Hans - Peter Röhr ist darüber keineswegs verwundert, denn er sieht hier ganz klar eine typische, tragische, Beziehung zwischen zwei verschiedenen Narzissten. Man könnte die tragische Geschichte fast als Katz - und Mausspiel bezeichnen.

Dieses Märchen ist in Röhrs Buch quasi der Leitfaden, an dem er sich entlanghangelt, um dem Leser die Ursachen und Symptome von krankhaftem Narzissmus aufzuzeigen. Dabei möchte Röhr auch erreichen, dass Narzissten sich professionelle Hilfe holen, diese also auch direkt ansprechen.

Er sieht das Selbstwertgefühl von Narzissten als oft deutlich durcheinander geraten. Röhr bezieht sich hier auf die Einteilung in weiblichen und männlichen Narzissmus, der im Märchen von jeweils entsprechendem Geschlecht dargestellt wird.

Genauer betrachtet, ist krankhafter Narzissmus eine Art Schutzmechanismus der Seele, welcher sich im Laufe der Kindheit und Jugend, mit Beginn in frühester Kindheit, aufgebaut hat. Während es sich beim männlichen Narzissmus um eine Art Panzer handelt, der alles potenziell Verletzende abwehrt (z.B. Kritik), Macht über andere Menschen ermöglicht und gleichzeitig ein perfektes Bild nach Außen abgeben soll, besteht dieser Mechanismus beim weiblichen Narzissmus eher aus Aufopferung und Überanpassung mit der Hoffnung und Erwartung, die benötigte Aufmerksamkeit auf diesem Wege zu bekommen und gleichzeitig so wenig Angriffsfläche wie möglich zu bieten.

Natürlich sind auch hier die beiden Figuren als Individuen, noch dazu fiktive, zu betrachten und nicht auf andere, existierende Narzissten genauso zu übertragen.

Mögliche Ursachen

Narzissmus hat natürlich auch irgendwo seine Wurzeln, welche ich hier einmal näher betrachten möchte.

Bei der Entwicklung einer psychischen Erkrankung oder Störung spielen in der Regel mehrere Faktoren eine Rolle. Da wären die genetische Veranlagung und/oder andere biologische Faktoren sowie Umwelt - und psychosoziale Faktoren.

Speziell beim Narzissmus spielt vor allem die frühe Kindheit eine große Rolle.

Kindheit

Sowohl zu viel Zuneigung, als auch zu wenig davon, können die Entwicklung einer narzisstischen Persönlichkeitsstörung begünstigen. Mangelt es an bedingungsloser Liebe, Zuneigung und Anerkennung durch die Eltern oder Erziehungsberechtigten, kann sich ebenso eine narzisstische Persönlichkeit entwickeln, wie durch den Überfluss an Liebe, Verwöhnung und dauernd unverhältnismäßiges Lob. Vor allem das Verhalten der Mutter oder Mutterfigur ist dabei ausschlaggebend.

Wie sich diese Erziehungsweisen mit den angeborenen und schon vorhandenen Eigenschaften sowie der genetischen Veranlagung des Kindes vertragen, ist nicht berechenbar. Je nachdem, wie es um diese Kombination steht, kann sich eine narzisstische Störung entwickeln, oder auch nicht.

Das Selbstwertgefühl kann nur eine gesunde Entwicklung einschlagen und durchmachen, wenn ein Kind in seinen Bedürfnissen unterstützt wird. Die ständige Unterdrückung der eigenen Bedürfnisse, aber auch die unbegrenzte Möglichkeit sie auszuleben, kann die Entwicklung eines krankhaften Narzissmus' begünstigen. Durch diese Mechanismen versuchen die Kinder, sich an ihre Umwelt anzupassen, wodurch sie oft ihre eigentlichen Persönlichkeiten schon früh in eine bestimmte Form quetschen.

Dadurch kann es schnell passieren, dass die Kinder keinen Zugang zu ihren Gefühlen und Bedürfnissen bekommen und sich diesbezüglich hauptsächlich an der Umwelt orientieren müssen. Also wird auf diesem Wege versucht, Aufmerksamkeit zu erlangen, etwa in Form von ständigen Versuchen, die Eltern oder Mitschüler zu beeindrucken und dafür Bestätigung zu bekommen.

Lernt das Kind, dass es immer nur dann Lob und Anerkennung bekommt, wenn es etwas leistet, festigt sich das in irgendeiner Form im Unterbewusstsein. Somit kann sich ein Weltbild im Kind entwickeln, in dem lediglich Leistung gleich Liebe und Anerkennung bedeutet.

Bedingungslose Liebe und Zuneigung sind hingegen Indikatoren für die Entwicklung eines Gefühls, angenommen zu werden, und zwar für das, was das Kind ist, und nicht, was es leistet. So werden

Selbstbewusstsein, Selbstwertgefühl und Selbstvertrauen gestärkt, was wiederum dem Kind keinen Anlass bietet, die Notwendigkeit darin zu sehen, Anerkennung durch Leistung verdienen zu müssen.

Ein Kind kommt schnell zum Schluss, dass es selbst Schuld ist, wenn die Eltern es nicht bedingungslos zu lieben scheinen. Denn es fühlt, dass es so, wie es ist, nicht liebenswert ist, weil die Eltern ja sonst anders mit ihm umgehen würden. Bis zu einem gewissen Alter sind Eltern in der Regel Vorbilder für ihre Kinder, weshalb die Schlussfolgerung über die eigene Schuld natürlich näher liegt, als die Annahme, dass die Eltern vielleicht einen Fehler machen könnten.

Diese Kinder sind daran gehindert, eine gesunde Selbstliebe, also einen gesunden Narzissmus, zu entwickeln. Oft beginnen sie sogar, sich selbst zu hassen. Das ist natürlich sehr schmerzhaft, weil man vor Selbsthass nicht fliehen kann. Also muss das Kind einen Weg finden, diesen inneren Zustand erträglicher zu machen. Oft ist hier die Verdrängung das Mittel zum Zweck. Die negativen Gefühle sich selbst gegenüber werden weggedrückt und gleichzeitig nach außen projiziert. Der erwachsene

Mensch, welcher einst solch ein Kind war, ist sich dieses verdrängten Teils seiner selbst meist nicht bewusst, weil das Ganze ins Unterbewusstsein geschoben wurde. Nach wie vor ist aber das tiefe, unbefriedigte, Bedürfnis nach bedingungsloser Zuneigung und Anerkennung da.

Ablehnung/Vernachlässigung

Die hauptsächliche Kommunikation mit einem Säugling bzw. Kind in den ersten Lebensmonaten läuft über Emotionen. Vor allem die Mutter ist in dieser Zeit besonders wichtig. Was Sie fühlt und wie es ihr geht, kommt beim Kind auch so an. Wenn es lächelt, erwartet es ein Lächeln zurück. Natürlich aber nicht auf rationaler Ebene, sondern intuitiv. Die Mutter ist elementar wichtig, weil das Kind vor allem in den ersten Lebensmonaten in besonderem Maße von ihr abhängig ist. Wird das Lächeln beispielsweise grundsätzlich oder sehr oft nicht erwidert, sondern vielleicht sogar mit einer traurigen Mimik beantwortet, speichert das Kind die emotionale Botschaft auch so ab. Ein innerer Trieb bringt es wahrscheinlich jedoch dazu, es immer wieder zu versuchen. Sobald es älter wird und versteht, warum die Mutter z.B. so traurig ist, beginnt es, sich an den Bedürfnissen der Mutter zu orientieren und seine eigenen Gefühle und Bedürfnisse hinten anzustellen. Dabei werden diese oft vom Bewusstsein abgespalten.

Dabei ist dieser Mechanismus Segen und Fluch zugleich, denn er hindert den jungen Menschen daran, eine wirklich eigenständige und individuelle Persönlichkeit zu entwickeln. Anerkennung und Zuneigung nur aufgrund der eigenen Persönlichkeit des Kindes bleiben so auch weiterhin aus und es beginnt, den Zugang zu sich selbst zu verlieren. Um sich in Zukunft Wohlbefinden zu verschaffen, braucht es also vor allem und stetig die Bestätigung von Außen.

Auch kann es passieren, dass das Kind eine traurige Mimik oder bestimmte negative Verhaltensweisen der Mutter bzw. Eltern als logische Konsequenz des eigenen Verhaltens oder der eigenen Person interpretiert. Also nach dem Motto "Ich muss was falsch gemacht haben".

Zu strenge Erziehung

Wird ein Kind auf regelmäßiger Basis immer wieder kritisiert und gemaßregelt, wird ihm somit vermittelt, dass mit ihm etwas nicht in Ordnung ist. Dabei spreche ich von einer zu strengen Erziehung. Das Bestreben ist dabei meist, dass ein guter Bürger aus dem Kind wird, der sich zu benehmen weiß. Bei dem Kind kommt aber dieser rationale Beweggrund nicht so deutlich an, sondern vielmehr eine die Emotionen ansprechende Botschaft "Du darfst nicht so sein, wie du bist". Dabei entwickelt es sich nicht so, wie es von Natur aus eigentlich der Fall wäre, sondern so, wie die Eltern sich das Kind wünschen. Dabei kommt es zu einer Störung der eigenen Identität. Reagiert das Kind in seiner von Natur aus gegebenen inneren Konstellation mit den entsprechenden Antennen darauf, kommt es sehr wahrscheinlich zu einer Fehlentwicklung und somit nicht selten zu einer narzisstischen Persönlichkeitsstörung.

Zu wenige Regeln und ein Überschuss an Zuneigung

Erziehung ist eine Kunst und keiner kann als Mutter oder Vater alles richtig machen. Doch es gibt zwei Extreme, die vermieden werden sollten. Das eine, die zu strenge bzw. zu autoritäre Erziehung, habe ich bereits beschrieben. Das andere Extrem wäre die zu nachsichtige Erziehungsform, die vor allem in Kombination mit Überbehütung und Verwöhnung ein super Nährboden für die Entwicklung einer narzisstischen Persönlichkeitsstörung bietet.

Zu viel Zuneigung, zu viel Liebe, Fürsorge, Lob und Bewunderung können einem Kind die Chance nehmen, den Umgang mit Niederlagen zu erlernen. Wie soll es auch wissen, dass man nach einem Sturz auch selbst wieder aufstehen und weitergehen kann, wenn es immer vor solchen Situationen beschützt oder von den Eltern immer wieder aufgehoben und weitergetragen wird?!

Durch eine bevorzugende und/oder übermäßig lobende Erziehung lernt ein Kind, sich selbst als etwas Besseres zu sehen und empfindet es als normal, so behandelt zu werden. Dabei macht es keinen rationalen Unterschied zwischen der Wirklichkeit innerhalb seiner Familie und der der Außenwelt bzw. Umgebung. Eitelkeit und das Gefühl, etwas Großartiges zu sein, werden gefördert. Die Erwartung, auch von anderen so behandelt zu werden, ist da. Wenn das Kind dann aber realisiert, dass die Welt da draußen nicht so funktioniert, sich eben nicht um es dreht, wäre Frustrationstoleranz sehr hilfreich. Doch auch diese lernen solche Kinder meist nicht, weshalb das Weltbild in solchen Situationen schnell zusammenbrechen bzw. kippen kann. Sie sind in dieser Hinsicht ganz besonders kränkbar.

Ein Kind braucht Grenzen und Einhalt, da es eine Resonanz auf sein Verhalten braucht, um zu verstehen, was falsch und was richtig ist. Halten sich die Eltern generell oder tendenziell zurück und lassen das Kind einfach machen, was es will, hat es keinen Anhaltspunkt, der ihm eine Antwort auf die Frage "Mach ich das eigentlich richtig?" gibt. Damit geht auch fehlender Halt einher.

So gut Eltern es mit dieser Erziehungsmethode auch meinen mögen, sie erschaffen damit in den meisten Fällen nur eine selbstbezogene und überhebliche Persönlichkeit, die unter Umständen sogar den Respekt vor ihnen, den eigenen Eltern, verliert. Und wenn dieser Respekt schon nicht mehr gegeben ist, wird es auch mit dem gegenüber anderen Menschen schwierig bis unmöglich.

Die genetische Veranlagung

Ach ja, wenn es doch so einfach wäre, die Kinder und deren Persönlichkeitsentwicklung, wenn negativ, ausschließlich auf die Fehler der Eltern zu schieben und in Kategorien der falschen Erziehungsmethoden einzuordnen. Ist es aber nicht. Es ist viel komplizierter, denn wie bereits erwähnt, spielt auch die genetische Veranlagung des Kindes eine wichtige Rolle.

Ist das Kind z.B. von Geburt an mit einer ordentlichen Portion Selbstbewusstsein, Robustheit und Selbstwertgefühl ausgestattet, wäre es bei Eltern mit eher autoritärem Erziehungsstil wohl besser aufgehoben, als so manch anderes Kind. Dieses Kind braucht unbedingt klare Grenzen und ist nicht zu sensibel, sodass es von einem solchen Erziehungsstil, natürlich gepaart mit genügend bedingungsloser Liebe und Zuneigung, nur profitieren kann. Eher schädlich wäre hier eine zu sanfte und zu behütete Erziehung.

Für ein Kind, das beispielsweise bereits die Veranlagung zur Hochsensibilität und ein eher niedriges Selbstbewusstsein inklusive Zurückhaltung,

Schüchternheit, Anpassung, etc. mit auf die Welt bringt, wäre eine harmonische Familie mit viel Geborgenheit und wohlwollender Unterstützung optimal, um es in seiner gesunden Entwicklung zu stärken. Eine eher autoritäre Erziehung wäre für ein solches Kind eher schädlich.

Es ist also alles andere als Einfach, die richtige Erziehung bei dem richtigen Kind anzuwenden. In der Praxis quasi unmöglich. Man kann sich nun mal nicht aussuchen, in welche Familie man hineingeboren wird, wodurch es oftmals eigentlich nicht passt, zwischen Kind und Eltern. Doch das ist eine Begebenheit, bei der wir keine Chance haben, sie maßgeblich zu ändern. Es gibt keine Möglichkeit, pauschal darauf Einfluss zu nehmen, so optimal und förderlich es auch wäre.

Weitergabe über Generationen

Dass Missbrauch sich meist durch mehrere Generationen einer Familie zieht, ist bekannt. Und so ist das auch bei narzisstischem Missbrauch der Fall. Kinder narzisstischer Eltern oder Elternteile laufen immer Gefahr, selbst eine narzisstische Persönlichkeit zu entwickeln, da sie nunmal die Muster und Verhaltensweisen der Eltern von Geburt an erfahren und verinnerlichen.

Der Mangel an Empathie, welcher in solchen Fällen meist herrscht, die oft leistungsorientierte und materielle Einstellung und der damit einhergehende Erfolgsdruck sorgen beim Kind für eine automatische Beugung zugunsten der elterlichen Erwartungen. Dadurch entwickelt sich beim Kind und späteren Jugendlichen ein übersteigertes und scheinbar unstillbares Bedürfnis nach Wertschätzung, welches sich auch im Erwachsenenalter bemerkbar macht. Das Kind kann die Eltern meist nicht als Vertrauenspersonen wahrnehmen, weshalb es mit seinen Gefühlen allein bleibt. Eine starke Verunsicherung ist die mindeste Folge.

Trotzdem haben Kinder, so auch diese, in der Regel

ein gewisses Loyalitäts - Empfinden gegenüber den Eltern, wodurch sich Druck dahingehend aufbaut. Dieser bringt sie dazu, ein "falsches Ich" zu entwickeln, weil es sich quasi mit unerfüllbaren Erwartungen konfrontiert sieht, an die es sich dennoch anpassen muss. Denn es sehnt sich natürlich immer noch nach dem Wohlwollen und der Geborgenheit der Eltern. Es will ihnen alles recht machen.

Die schützende Maske

Dadurch, dass das Kind stets darum bemüht ist, den Eltern und ihren Ansprüchen gerecht zu werden, entwickelt es dieses besage falsche Ich, indem es eine Maske aufsetzt und sein wahres Ich hinter dieser versteckt, natürlich unbewusst. Dabei handelt es sich um nichts anderes als einen Schutzmechanismus der Seele.

Es lässt nur noch die Äußerung von Gefühlen zu, von denen es weiß, dass die Eltern es akzeptieren oder willkommen heißen. So lernt der Mensch schon in früher Kindheit, Gefühle, oft solche wie Wut, Trauer, Schmerz oder Lust, zu unterdrücken. Als Erwachsene können sie diesen Mechanismus meist nicht mehr einfach so abstellen, weil er automatisch abläuft. Sie wissen auch meist nicht genau, was und wie sie fühlen, können ihre Gefühle auch nicht annehmen oder zuordnen.

Die Folge ist ein dauerhafter Zustand der inneren Anspannung mit dem gleichzeitigen Bestreben, den Erwartungen ihrer Umwelt und ihren Mitmenschen unbedingt gerecht werden zu müssen. Eine emotionale Verarmung ist vorprogrammiert. Alle Gefühle, von denen der Erwachsene als Kind gelernt hat, dass sie nicht erwünscht sind, also auch die Wut und Aggression, projiziert er auf andere Menschen. So kann er sich selbst erleichtern und besser fühlen. Alles, von dem er gelernt hat, dass es erwünscht ist, also alles Gute und Perfekte, beansprucht er hingegen meist für sich.

Suchen sich oder bekommen Kinder, und somit Opfer, narzisstischer Eltern oder Elternteile keine professionelle Hilfe, ist es sehr wahrscheinlich, dass sie die nächste narzisstische Generationen darstellen werden. Eine Therapie kann diese Entwicklung stoppen und dafür sorgen, dass der Missbrauch zumindest nicht so weitergegeben wird.

Der richtige Umgang mit offenem Narzissmus

Es ist wahrlich nicht einfach, mit einem offensiven Narzissten richtig umzugehen. Es ist quasi eine Wanderung auf einem der schmalsten Grate der Zwischenmenschlichkeit. Ihn konstruktiv zu kritisieren, mit dem Ziel, ihn sein eigenes Verhalten reflektieren zu lassen um sich zu bessern, wäre meist ein vergebliches Unterfangen. Aussagen wie "lass dir helfen" würden wohl mit "wieso denn, ich hab doch kein Problem" oder ähnlichem beantwortet.

Folgende Tipps sollen Ihnen dabei helfen, Narzissten zuerst einmal als solche zu erkennen und den Umgang mit ihnen im Alltag, als Lebenspartner oder Vorgesetzten zu erlernen oder optimieren.

Allgemeine Tipps

Erkennen Sie Narzissten in Ihrem Umfeld

Einen Menschen mit offensichtlichen narzisstischen Eigenschaften und Verhaltensweisen, wie z.B. bei Dominanz des männlichen Narzissmus' oder einer grandios - malignen Ausprägung, zu erkennen, ist wohl weniger schwer. Jedoch ist es, wie Sie mittlerweile wissen, nicht immer eine offensichtliche Angelegenheit. Damit meine ich nicht nur die unterwürfigen Narzissten, bei denen der weibliche oder fragile - vulnerable Aspekt eine vordergründige Rolle spielen, sondern vor allem die, die sich in der Ausprägung irgendwo dazwischen befinden. Die weder offensiv, noch wirklich verdeckt narzisstisch sind. Vor allem mit den offensiven und den eben erwähnten Ausprägungen ist es wichtig, einen Umgang zum eigenen Vorteil zu finden. Deshalb werde ich mich in meinen Tipps auch vorrangig auf diese beziehen.

Aber seien Sie sich darüber im Klaren, dass ein paar Übereinstimmungen nicht gleich eine narzisstische Störung bedeuten müssen. Hüten Sie sich davor, eine laienhafte Ferndiagnose zu stellen, sondern konzentrieren Sie sich allein darauf, sich selbst das Leben oder den Umgang mit diesem nicht einfachen Menschen so weit wie möglich zu erleichtern. Ob dieser Mensch nun tatsächlich ein Narzisst ist oder nicht, ist erst einmal nicht wichtig für Sie.

Halten Sie gesunden emotionalen Abstand

Die Aura, die ein narzisstischer Mensch mit sich bringt, ist oft sehr einnehmend. Nicht selten fällt es ihm sehr leicht, die Aufmerksamkeit allein durch das Betreten eines Raumes auf sich zu ziehen. Wenn er etwas sagt, kann er die Menschen in seinen Bann ziehen. Das passiert bei den Umstehenden ganz automatisch, weil es ihr Unterbewusstsein anzieht. Und genau da setzen Sie an. Sie sind nun über diese Tatsache informiert und können den nötigen Abstand bewusst beeinflussen und herbeiführen, indem Sie erst einmal beginnen, ihn einfach zu beobachten und im Geiste zu analysieren. Versuchen Sie, sich nicht von ihm beeinflussen zu lassen und bleiben Sie so rational wie möglich.

Versuchen Sie, diesen Menschen zu verstehen

So können Sie seinen eigentlich weichen und verletzlichen Kern erkennen und die möglichen Hintergründe seines Verhaltens erahnen. Es hilft dem Menschen immer, "dem Kind einen Namen geben" zu können. Das gibt uns irgendwie ein Stück weit Sicherheit. Und Sicherheit ist im Umgang mit bestimmten Narzissten sehr wichtig und hilfreich. Sie durchschauen sein Verhalten und nehmen sich selbst somit etwaige bestehende Ehrfurcht oder sogar Angst vor diesem Menschen. Auf einmal wirkt er gar nicht mehr so unnahbar, sondern Sie erkennen die Not und Traurigkeit, die eigentlich dahinter steckt. Da ist plötzlich das Kind, das sich nach Liebe und Aufmerksamkeit sehnt.

Auch Sie können und sollen autonom sein/bleiben

Sie haben eigene Ansichten und Meinungen, also vertreten Sie sie auch. Geben Sie deren Dasein einen Sinn, auch in Gegenwart einer narzisstisch erscheinenden Persönlichkeit. Lassen Sie sich notfalls Bedenkzeit und entziehen Sie sich dem Druck dieses Menschen für diesen Moment.

Wahrscheinlich wird er versuchen, Ihnen eigene Ideen oder Meinungen madig zu machen oder auszureden, doch lassen Sie sich davon nicht beeindrucken. Versuchen Sie, standhaft zu bleiben und Ihren Standpunkt weiterhin zu vertreten.

Halten Sie ihm/ihr einen Spiegel vor

Hin und wieder, wenn es sich anbietet, können Sie selbstgefällige Aussagen dieses Menschen unauffällig wiederholen. So fällt ihm vielleicht eher auf, wie seine Aussagen auf andere wirken. Am besten nutzen Sie dazu Fragen, um ihn nicht direkt anzugreifen.

Beispiel: "Ich war schon als Kind immer besser, als die anderen!" Sie: "Besser als alle Anderen? Sind Sie sich/bist du dir da wirklich sicher?"

Mit solche Spiegelungen schenken Sie dieser Person Aufmerksamkeit, also das was sie will, zeigen ihm aber gleichzeitig auch sein eigenes Verhalten auf.

Aber seien Sie mit solchen Aktionen vorsichtig und wenden Sie diese Taktik nicht zu oft an, um den Menschen nicht gegen sich aufzubringen. Und bereiten Sie sich mental auf etwaige Gegenreaktionen vor.

Loben Sie, aber in Maßen

Lob und Anerkennung sind ein Lebenselixier für einen narzisstisch veranlagten Menschen. Er braucht sie wie ein Baby die Muttermilch, um einen Sinn in seinem Leben zu sehen. Deshalb soll er sie auch bekommen. Jedoch in gesundem Maße und nach Ihrem Gefühl.

Wird er von einem Menschen zu wenig gelobt, kann er schnell Groll gegen diesen hegen oder ihn einfach negativ betrachten. Kommt hingegen zu viel und/oder übertriebenes Lob von einem Menschen, nimmt der Narzisst ihn schnell nicht mehr ernst.
Sehr wichtig ist, dass Ihr Lob ernst gemeint und aufrichtig ist. Loben Sie ihn, natürlich auf erwachsener Ebene, für Dinge, die sie selbst tatsächlich auch für lobenswert halten. Er oder sie wird sie unterbewusst als positiven und angenehmen Mitmenschen erleben, womit Sie bei diesem Menschen schon mal einen Stein im Brett haben. Wie groß und effektiv auch immer dieser Stein sein mag.

Setzen Sie klare Grenzen

Es ist sehr wichtig, diesen Menschen klare Grenzen aufzuzeigen, sie brauchen diese auch als Orientierung im Umgang mit anderen Menschen. Sie sind nicht zu allem bereit und ihm/ihr auch nicht unterworfen. Dabei sollten Sie darauf achten, dass Sie nicht Ihre Emotionen sprechen lassen, sondern Autorität aufzeigen. Es braucht Bestimmtheit Klarheit, um einen Narzissten respektvoll in die Schranken zu weisen.

Versuchen Sie nicht, den Therapeuten zu spielen

Weder sollten Sie selbst versuchen, einen solchen Menschen zu therapieren, noch sollten Sie ihm direkt eine Therapie ans Herz legen. Denn er wird die Notwendigkeit auch dann nicht erkennen. Es ist also sowieso sinnlos. Er empfindet sich nicht als therapiebedürftig, weil er doch ein so "vollkommener" Mensch ist. Wenn, dann bräuchten höchstens Sie und alle anderen eine Therapie, bevor er eine bräuchte. Es wird also nur Gegenwehr seinerseits regnen. Schützen Sie sich selbst vor einem solchen Unwetter.

Halten Sie vor allem Kontakt zu anderen Menschen

Für einen narzisstischen Menschen ist es schwierig bis unmöglich, Rücksicht auf andere Menschen zu nehmen. Sich auf sie einzustellen, geht gleich gar nicht. Deshalb sollten Sie den Umgang mit ihm nur so weit pflegen, wie Sie es selbst gut ertragen können.

Den Ausgleich suchen Sie sich bei Menschen, mit denen Sie sich wohl fühlen. Menschen, bei denen es "Geben und Nehmen" heißt, und nicht "Ich, Ich, Ich - Nehmen, Nehmen, Nehmen". Menschen, die Sie stärken können, die Ihre Interessen teilen und mit denen Sie auch über Ihre Probleme sprechen können. Menschen, von denen Sie sich verstanden fühlen. Und wenn es nur ein einziger ist.

Erwarten Sie nicht zu viel

Sicher hat auch ein Narzisst positive Eigenschaften, die Sie als hilfreich empfinden können, weil sie es sind. Bei Problemen, bei denen es um Daten und Fakten, also nichts Emotionales, geht, kann er durchaus ein guter Berater sein. Aber wenn es um zwischenmenschliche Dinge geht, ist er selten ein guter Ansprechpartner. Sie sollten von ihm nicht erwarten, dass er sich mit der Zeit wesentlich ändert. Er wird sich nie so ändern, dass Sie mit Ihren emotionalen bzw. tieferen Problemen zu ihm gehen und Trost oder tiefes Verständnis, welches auch ernst gemeint ist, empfangen können. Das überschreiten seine Grenzen bzw. die Grenzen seiner seelischen Möglichkeiten. Selbst wenn er sogar bereits in Therapie sein sollte, wird er sich in dieser Hinsicht höchstwahrscheinlich nicht wesentlich ändern.

Versuchen Sie nicht, ihm alles recht zu machen

Es ist schier unmöglich, einem Narzissten alles recht zu machen. Denn um seine Scheinwelt aufrecht erhalten zu können, muss er andere Menschen immer wieder herabsetzen, sodass er sein egozentrisches Weltbild, in dem er stets allen anderen überlegen ist, stabil halten kann.

Eine relativ kurze Zeit lang können Sie es vielleicht schaffen, diesen Menschen zu beeindrucken und für sich zu gewinnen, jedoch wird dieser Zustand nie lange anhalten. Denn im Endeffekt ist da wieder sein Weltbild, dass immer Vorrang hat. Er wird immer wieder zu diesem zurückkehren.

Seien Sie ein guter Zuhörer

Wenn wir mit jemandem sprechen und merken, dass er uns nicht zuhört, dann fühlen wir uns automatisch ignoriert. Und ignoriert werden möchte niemand. Aber vor allem ein Narzisst nicht, denn er empfindet es als Art Bestrafung, die er nicht ohne Gegenwehr hinnehmen kann. Hören Sie also zu und geben Sie ihm das Gefühl, sich für ihn zu interessieren. Doch achten Sie dabei auf Ihre eigenen und generelle Grenzen. Sie müssen und sollen sich beispielsweise natürlich nicht ständig als Zuhörer zur Verfügung stellen.

Je nachdem, wie schwer und in welche Richtung der Narzissmus ausgeprägt ist, kann es sehr schwer oder weniger schwer sein, richtig mit ihm umzugehen. Nicht immer sind alle beschriebenen Tipps besonders effektiv. Zu groß ist die Bandbreite der Möglichkeiten, wie ein solcher Mensch agieren und reagieren kann. Doch grundsätzlich profitieren sie immer von der Umsetzung dieser Tipps.

Was, wenn es ein engeres Familienmitglied ist?!

Natürlich ist es schwerer, einem narzisstischen Familienmitglied, besonders wenn es aus dem engeren Kreis kommt, aus dem Weg zu gehen. Die eben beschriebenen Tipps sind in diesem Falle in abgewandelter und auf Ihre Situation angepasster Form effektiv anwendbar.

Wichtig ist, dass Sie in erster Linie auf sich selbst achten, oder, falls es sich um Ihren Partner handelt und Sie Kinder haben, auch auf das Wohl Ihrer Kinder. Narzisstischer Missbrauch ist äußerst schädlich, weshalb Sie in diesem Falle unbedingt Hilfe suchen sollten. Aber nicht Hilfe für Ihren Partner, sondern für sich (und Ihre Kinder). Oft ist Abstand mit gewissem Kontakt die einzige Möglichkeit, effektive Schadensbegrenzung zu erreichen. Gehen Sie trotzdem die hier beschriebenen Tipps durch und versuchen Sie, sie auf Ihre Situation anzuwenden.

Sollten Sie das Kind von narzisstischen Eltern oder einem narzisstischen Elternteil sein, dann ist ein für

Sie gesunder Abstand unbedingt nötig. Auch hier können Sie sich mit oben genannten Tipps, angepasst auf Ihre Situation, Erleichterung verschaffen. Sollten Sie den Verdacht haben, das Opfer von narzisstischem Missbrauch zu sein, dann kann eine professionelle Therapie viel Positives in Ihrem Leben bewirken. Scheuen Sie sich nicht davor.

Schlusswort

Narzissmus ist ein komplexes Thema, welches unsere heutige Gesellschaft besonders dringend etwas angeht. Dass Sie in Ihrem Leben mindestens einmal einem solchen Menschen begegnen oder sogar einen in Ihrem Umfeld haben, ist sehr wahrscheinlich.

Nutzen Sie Ihr nun erlangtes Wissen dazu, sich in Zukunft besser auf den Kontakt mit den betreffenden Personen einzustellen. Kombinieren Sie das Wissen mit den Tipps, die ich Ihnen mit auf den Weg gegeben habe. Sie werden einen Unterschied zu vorher bemerken. Denn während Sie bisher wahrscheinlich unbewusst nach seiner oder ihrer Nase getanzt haben, sind Sie nun mit Skills ausgestattet, die Sie mithilfe Ihres nun eingeweihten und vorbereiteten Verstandes einsetzen können. Außerdem können Sie bewirken, dass Sie sich mit ihm oder ihr gut stellen, ohne Ihr Gesicht zu verlieren. Sie passen sich so zwar auch an, aber mit Würde und Verstand.

-Notizen-

-Notizen-

Haftungsausschluss

Die Benutzung dieses Buches und die Umsetzung der darin beschriebenen Informationen erfolgt auf eigenes Risiko. Der Verlag und auch der Autor können für etwaige Unfälle und Schäden jeder Art, aus keinem Rechtsgrund eine Haftung übernehmen. Haftungsansprüche gegen den Verlag und den Autor für Schäden ideeller oder materieller Art, die durch die Nutzung oder Nichtnutzung der Informationen verursacht wurden, sind grundsätzlich ausgeschlossen. Rechts- und Schadenersatzansprüche sind daher ausgeschlossen. Der Inhalt des Buches wurde unter größter Sorgfalt erarbeitet. Der Verlag und auch der Autor übernehmen keine Haftung für die Vollständigkeit, Richtigkeit und Aktualität des Inhaltes, auch nicht für Druckfehler. Die Wiedergabe von Handelsnamen, Warenbezeichnungen, Gebrauchsnamen usw. in diesem Werk berechtigt auch ohne besondere Kennzeichnung nicht zu der Annahme, dass Namen im Sinne der Warenzeichen- und Markenschutz-Gesetzgebung als frei zu betrachten wären und daher von jedem benutzt werden dürften. Für die Inhalte der verlinkten Seiten ist stets der jeweilige Anbieter oder Betreiber der Seite Verantwortlich. Die verlinkten Seiten wurden zum Zeitpunkt der Verlinkung auf mögliche Rechtsverstöße überprüft. Rechtswidrige Inhalte waren zum Zeitpunkt der Verlinkung nicht erkennbar.

Impressum

© Phil Kehrfeld 2019

ISBN: 9781793384713
Imprint: Independently published

1. Auflage
Alle Rechte vorbehalten.
Nachdruck, auch auszugsweise, verboten.
Kein Teil dieses Werkes darf ohne schriftliche
Genehmigung des Autors in irgendeiner
Form reproduziert, vervielfältigt oder verbreitet werden.
Kontakt: Michael Kubacki/ Lichtenbergerstr.6/ 45699 Herten
Coverfoto: https://de.123rf.com
Covergestaltung: Michael Kubacki

Printed in Poland
by Amazon Fulfillment
Poland Sp. z o.o., Wrocław